El principio del revestimiento y otros ensayos

Puente editores, Barcelona
www.puenteeditores.com
info@puenteeditores.com

Adolf Loos

El principio del revestimiento y otros ensayos

PUENTE EDITORES

Traducción: Moisés Puente
Revisión del texto: Diego Galar Irurre

Printed in Spain
ISBN: 978-84-128194-1-0
Depósito legal: B 12455-2024
Impresión: Gráficas 94

Índice

Nuestros jóvenes arquitectos

1898

¿Sigue siendo la arquitectura un arte? Casi tendría que decirse que no. El arquitecto no lleva el sello de lo absolutamente artístico ni dentro de la comunidad artística ni entre el público en general. El pintor más insignificante, el escultor más nimio, el actor más flojo y el compositor menos interpretado reclaman para sí lo artístico sin reservas, y el mundo se lo concede de buen grado. Pero, para ser admitido en las filas de los artistas, el arquitecto tiene que haber hecho ya algo excelente.

Dos factores han contribuido a socavar el prestigio de los arquitectos. El primero es el Estado, el segundo son los propios arquitectos. El Estado ha introducido exámenes en sus escuelas técnicas superiores y quienes se presentan creen ahora tener el derecho, basado en el hecho de aprobar un examen, de ostentar un título profesional de arquitecto. Esta farsa ha ido tan lejos que hasta se ha solicitado al Gobierno la protección legal de la denominación del título de arquitecto para aquellos técnicos graduados en construcción. Que entonces toda la Viena culta no prorrumpiera en una gran carcajada liberadora demuestra suficientemente cuán hondo ha calado en la opinión de la gente que, a partir de dichos exámenes, la arquitectura es algo que puede aprenderse y cuyo dominio puede justificarse mediante la expedición de un título. Basta con pensar en todo esto traspasado a la música. En opinión de los conservadores, solo debería autorizarse a componer —una tarea tan relacionada con la creación del arquitecto— a quienes hayan superado un examen en el conservatorio. Qué ridículo nos parecería eso, pues para nosotros la música sigue siendo un arte absoluto.

Para el verdadero artista, las razones que aducen los técnicos buscatítulos de la época son completamente irrelevantes. "Ahora cualquier aprendiz de albañil puede llamarse a sí mismo arquitecto". Si le hace ilusión, ¿por qué no? ¿Acaso se oscurece la fama de Ludwig van Beethoven y Richard Wagner porque el autor de un cuplé se autodenomine compositor? ¿Les perjudica en algo a Franz von Lenbach y a Adolph von Menzel que un pintor de brocha gorda se llame a sí mismo pintor? Ciertamente no. Pero ¡cuán avergonzados se habrían sentido ambos si hubieran exigido protección del Estado para la denominación de pintor! Incluso la pluma se opone a tamaña pretensión.

Sin embargo, los arquitectos se han perjudicado a sí mismos incluso más que el sistema de exámenes. Ellos mismos se han degradado y, evidentemente, el mundo lo ha aceptado. A pesar de sus títulos, la mayor parte de nuestros jóvenes son meros delineantes. Por un salario mensual —que equivale al de un oficinista mal pagado y no especialmente diestro—, se ponen al servicio de contratistas, constructores y arquitectos con medios para mantener su propio estudio. El horario laboral es también el de un comerciante. A este "arquitecto" no le importa si sus convicciones artísticas concuerdan o no con las de su jefe, pues la mayoría de las veces carece de ellas. Hoy trabaja en un estilo gótico, mientras que en el siguiente estudio el único estilo que debe entusiasmarle es el renacentista italiano. Y dice que sí a todo. Por supuesto, en el círculo de sus compañeros se burla de su jefe —vemos con qué sentido tan comercial se expresa uno entre arquitectos— y cree estar haciendo algo de lo más importante cuando rompe con las viejas costumbres. Y, tan pancho, al día siguiente vuelve al trabajo a las ocho de la mañana.

Si nuestra nueva generación de artistas tuviese también el coraje moral de expresar firmemente sus convicciones, a pesar de todos los desafíos financieros, pronto seguirían las consecuencias beneficiosas para el prestigio de nuestro arte. ¡He aquí a tus hermanos de la pintura, la escultura y la música! Si fuera necesario, serían capaces de ayunar y pasar hambre por su arte. Y de esto debe ser capaz quien quiera ostentar el título honorífico más bello que se le pueda conceder a alguien: ¡artista!

La ciudad Potemkin
1898

¿Quién no conoce los pueblos Potemkin que construyó aquel audaz valido de la reina Catalina la Grande en Ucrania? Pueblos de lona y cartón cuya finalidad era convertir un desierto en una floreciente comarca para el agrado de su majestad la emperatriz. Pero ¿era necesario que el astuto ministro construyera una ciudad entera?

¡Esto solo es posible en Rusia!

La ciudad Potemkin de la que quiero hablar aquí es justamente nuestra querida Viena. Es una dura acusación que me resulta difícil probar, pues para ello necesito gente con un fino sentido de la justicia, algo que, desgraciadamente, rara vez encontramos en nuestra ciudad.

Quien se hace pasar por algo más de lo que en realidad es pasa a ser un estafador y, por tanto, se lo desprecia, aunque no haya perjudicado a nadie. ¿Y si alguien intenta lograr esa apariencia mediante piedras falsas y demás imitaciones? Hay países donde ese alguien se vería abocado al mismo destino. Sin embargo, en Viena no se ha llegado tan lejos. En Viena solo un pequeño círculo de personas percibe tal acción inmoral, tal estafa. Hoy en día todo el mundo quiere aparentar lo que no es, no solo con cadenas de reloj falsas y el mobiliario de su casa —puras y simples imitaciones—, sino también con la casa misma, con los edificios de vivienda.

Cuando paseo por el Ring vienés, siempre me da la sensación de que un Potemkin moderno quiere hacer creer a alguien que se ha trasladado a una Viena llena de aristócratas.

Todo aquello que la Italia renacentista produjo en torno a los palacios ha sido saqueado para representar, como por arte de magia, una nueva Viena a Su Majestad la Plebe, en la que solo puede vivir quien esté en condición de tener todo un palacio, desde el zócalo hasta la cornisa. En la planta baja se encuentran las caballerizas; en el modesto y bajo entresuelo, el servicio; en la planta primera, de gran altura y arquitectónicamente rica, están los salones de fiestas, y encima las salas de estar y los dormitorios. A los propietarios vieneses les agrada tener un palacio de este tipo, y también a los inquilinos vivir en uno de ellos. A la gente sencilla, que solo alquila una habitación y un lavabo en la última planta, le produce una enorme satisfacción el lujo feudal y la grandeza señorial al contemplar desde el exterior el edificio donde viven. ¿Acaso el propietario de un brillante falso no coquetea con su resplandor? ¡Oh, los estafadores estafados!

Se objetará que atribuyo falsas intenciones a los vieneses. Los arquitectos tienen la culpa, pues no deberían haber construido de esta guisa. Debo tomar bajo mi protección a los artistas de la construcción, pues cada ciudad tiene los arquitectos que se merece. Las formas arquitectónicas vienen reguladas por la oferta y la demanda. Quien mejor responda al deseo más general del pueblo será quien más encargos reciba, y quizá aquel verdaderamente más capaz tenga que despedirse de la vida sin haber recibido encargo alguno. Los demás, mientras tanto, hacen escuela. Se construye de este modo, pues así es costumbre y porque además así debe hacerse. El especulador inmobiliario preferiría revocar la fachada de arriba abajo; aparte de ser lo más económico, actuaría del modo más auténtico, correcto y artístico. Sin embargo, la gente no querría instalarse en esta casa. Para conseguir inquilinos, el propietario se ve obligado a colarle esta fachada, y solo esta.

¡En efecto, colársela!, pues los palacios renacentistas y barrocos no están hechos con el material con el que parecen estar hechos. A veces pretenden estar construidos con piedra, como los palacios romanos y toscanos, y otras con estuco, como los edificios barrocos vieneses. No son ninguna de las dos cosas: sus detalles ornamentales, sus ménsulas, sus guirnaldas de frutas, orlas y dentículos son de cemento moldeado y vertido. Es cierto que esta técnica, utilizada por primera vez en nuestro siglo, tiene su justificación, pero lo que no está bien es emplearla para formas estrechamente relacionadas con las características de otro material solo porque su confección no ofrece dificultad técnica alguna. El cometido del artista hubiera sido encontrar un nuevo lenguaje formal para el nuevo material. Todo el resto es imitación.

Nada de eso le ha interesado al vienés de la etapa constructiva más reciente. A él le agradaba poder imitar el material más caro con escasos medios. Como verdadero advenedizo, creía que el resto no notaría el fraude; así piensa siempre el advenedizo. Está firmemente convencido de que la falsa pechera, las pieles falsas y todas las imitaciones de las que se rodea cumplen perfectamente su función. Solo aquellos que están por encima de él, aquellos que han superado el estadio de advenedizo —es decir, quienes lo conocen—, se ríen de sus vanos esfuerzos. Con el tiempo, al advenedizo también se le abren los ojos; empieza a ver que las cosas de sus amigos —que antes tenía por verdaderas— son falsas y, resignado, se da por vencido.

La pobreza no es ninguna deshonra. No todos pueden haber venido al mundo en un palacete feudal, pero es ridículo e inmoral presentar ante el prójimo la farsa de que se tiene una propiedad así. ¡No nos avergoncemos de habitar una vivienda de alquiler junto con otras personas de nuestra misma clase social! ¡No nos avergoncemos de que haya materiales de construcción demasiado caros para nuestros bolsillos! ¡No nos avergoncemos de ser personas del siglo XIX, y no de aquellos que quieren vivir en una casa que, por su tipo de construcción, pertenece a una época pasada! Entonces veríais con qué rapidez conseguiríamos tener un estilo de construcción de nuestra época. Podría objetarse que, más o menos, ya lo tenemos; no obstante, me refiero a un estilo que pudiéramos legar a nuestros sucesores sin remordimientos de conciencia y que se recordara con orgullo en el futuro. Este estilo aún no se ha encontrado en nuestro siglo en Viena.

En principio, da igual que quieran construirse cabañas de madera con lona, cartón y pintura donde vivan felices los campesinos, o palacios de piedra hechos de ladrillo y cemento moldeado para los grandes señores feudales. El espíritu de Potemkin sigue flotando sobre la arquitectura vienesa de este siglo.

La vieja y la nueva tendencia en el arte de construir

Un paralelismo con especial atención a la coyuntura artística vienesa

1898

Tengo la sensación de que, entre las bellas artes, la arquitectura ocupa el último lugar en cuanto al orden de adaptación a las tendencias imperantes de la época. Esto resulta muy evidente. La pintura, el grabado y la escultura deben su creación a una idea feliz, y la obra de arte puede entregarse al mundo después de unas semanas o meses. Un edificio es otra cosa. El trabajo preparatorio requiere años de actividad intelectual y artística, y ejecutarlo puede llevar incluso toda una generación.

Nos resulta mucho más fácil adivinar los nuevos caminos de la arquitectura a partir de los cambios que el resto de las artes ya han asumido. La arquitectura, un arte del espacio y de la forma (ajeno a la visión que quiere relegarla a las artes gráficas), está particularmente influida por la escultura. Vemos cómo, a lo largo del siglo, se ha hecho notar una tendencia social que ya se ha apoderado de las artes plásticas: se vuelve a honrar el trabajo manual.

Hasta hace bien poco vivíamos en una época un tanto extraña, donde el trabajador intelectual lo era todo y el manual, nada. Por muy capaz que fuera, el hombre con delantal azul era socialmente muy inferior al oficinista peor pagado. Las artes también fueron presa de este engaño: siempre que era posible, el trabajo manual tangible se relegaba al artesano esclavizado. Pero esto no funcionaba en el caso de la pintura. El escultor, en cambio, solo modelaba un boceto a pequeña escala, y el trabajo de esculpir, el dominio técnico del material, le era ajeno. El arquitecto, sin embargo, nunca salía de su estudio y elaboraba sus planos sin quizás siquiera haber visto el emplazamiento de su actividad artística. El artesano se encargaba de todo. Es probable que los arquitectos más diligentes sí que fueran a la obra, pero maldecían y criticaban al estúpido industrial después de haber descartado cualquier cambio y de decirle que no había ejecutado de manera exacta las intenciones de su dibujo. Simplemente, olvidaban que el artesano es un ser humano, no una máquina.

Los ingleses, en particular, han acabado con la idea de que el trabajo manual es inferior. Si quieres hacer una cacerola, no modeles ningún cuerpo de revolución, solo hace falta que tú mismo utilices el torno; o, si quieres hacer una silla, no dibujes mucho antes y agarra el cepillo de carpintero. Lleva al artista al taller e implórale *hic Rhodus, hic salta* [¡Aquí está Rodas, salta aquí!].

Ahora se ha producido una reacción. Si antes trabajar en el taller se consideraba ordinario, ahora se ha vuelto elegante. El escultor N. N. tallará con sus propias manos el busto de Dánae en mármol de diferentes colores. ¡Vaya, qué bien suena eso! Con noticias de este tipo soplan aires del Renacimiento. El foco de interés se centrará en el artista, que no se avergüenza de agarrar con sus manos un martillo y un cincel para aprender el oficio de cantero. Ya no estará por debajo, como antes, sino por encima de sus compañeros que solo dibujan y modelan. Cada vez más escultores habrá que no quieren dejar su obra a un copista sin alma o a un escultor de piedra que piensa diferente.

La arquitectura también tendrá que someterse a estas exigencias de los tiempos. El arquitecto trabajará más en la obra, y solo considerará la ornamentación después de haber concluido el espacio y determinado su iluminación. Se eliminará el dibujo, totalmente superfluo y laborioso, de los motivos ornamentales naturales. En el propio taller, incluso eventualmente *in situ*, el maestro hará modelar la decoración según un boceto y, después de haber estudiado meticulosamente la iluminación y la distancia del espectador, hará las correcciones él mismo. Por supuesto, esto le llevará mucho tiempo, por lo que construirá menos. Desaparecerán los grandes despachos de construcción, auténticas fábricas de edificios.

Pero ¿qué aspecto tendrán los edificios construidos de esta manera? Podría pensarse que parecerán mucho más conservadores de lo que sueñan los partidarios del *Sturm und Drang*, pues el arte de construir está ligado a sentimientos y hábitos que se ven constantemente influenciados por los edificios existentes que tienen miles de años.

Pero ¿qué es lo que realmente quiere el arquitecto? Con la ayuda de los materiales, quiere provocar sentimientos en las personas que, en realidad, no son inherentes a estos materiales. Si construye una iglesia, debe inspirar recogimiento en los fieles; si construye una taberna, la gente debe sentirse cómoda en su interior. ¿Cómo se consigue eso? Pues mirando qué edificios inspiraron tales sentimientos anteriormente para tomarlos como punto de partida. A lo largo de su existencia, el ser humano ha rezado en ciertos espacios y bebido en otros. El sentimiento es algo adquirido, no es innato. En consecuencia, si realmente se toma en serio su arte, el arquitecto debe tener en cuenta estos sentimientos adquiridos.

Uno podría pensar que aquello que nos deleitaba hace quinientos años ya no sería posible hoy. Ciertamente. Una tragedia que nos hubiera conmovido hasta hacer que se nos saltaran las lágrimas en su momento hoy solo nos resulta interesante. Una broma de entonces ya no hará que se muevan nuestros músculos de la risa. Por tanto, la arquitectura siempre tendrá que emplear nuevas formas para seguir siendo efectiva. La tragedia ha dejado de representarse, el chiste se ha olvidado, pero el edificio permanece en medio de un mundo cambiante, y esto explica por qué el arte de construir seguirá siendo el más conservador, a pesar de todos los cambios en el espíritu de los tiempos.

Porque hay un sentimiento que ya no podemos borrar de nuestra memoria: el reconocimiento de la superioridad espiritual de la Antigüedad clásica. Desde que nos fue revelada, se acabaron todos los estilos: gótico, morisco, chino, etc. Estos, sin duda, pueden influir en el Renacimiento, y siempre lo han hecho, pero siempre habrá un gran espíritu —al que quiero llamar superarquitecto— que liberará al arte de construir de extraños añadidos y nos devolverá una construcción pura y clásica. Y, una y otra vez, el pueblo sigue animando a esa persona, pues somos clásicos en el pensar y el sentir. Después de los grandes maestros de obras del Renacimiento italiano, llegaron a Alemania un sinfín de pequeños maestros cargados de buenas ideas y de una fantasía desbordante. ¿Quién conoce sus nombres? Entonces llegaron Andreas Schlüter al norte, Fischer von Erlach al sur y Antoine Le Pautre a Francia, personajes con una sensibilidad romana clásica, y volvimos a tener un clímax. Pero de nuevo fue cuesta abajo, de nuevo el deleite sin límites de la forma se apoderó de todos los círculos y produjo arquitectos cuyos nombres solo han sido arrebatados del olvido gracias a ciertas investigaciones. Y más tarde apareció Karl Friedrich Schinkel, el gran domador de la fantasía, y, de nuevo, después de otro movimiento descendente, apareció

Gottfried Semper. Así, puede comprobarse que siempre se lleva la palma el artista que hace menos concesiones a su tiempo, que defiende el punto de vista clásico de la manera más despiadada. Porque el arquitecto no solo crea para su época, sino que también su posteridad tiene derecho a poder disfrutar de su obra. Por todo ello, es necesaria una medida constante inmutable —la Antigüedad clásica— para el presente y el futuro, hasta que quizás algún gran acontecimiento provoque un cambio total de valores.

Por tanto, podemos afirmar: el futuro gran arquitecto será un clásico. Uno que no entronque con las obras de sus antecesores, sino directamente con la Antigüedad clásica. Dispondrá de un lenguaje formal mucho más rico que el de los grandes constructores del Renacimiento, el Barroco o el de las escuelas de Schinkel y Semper, pues los hallazgos de la arqueología más reciente se han sumado a los antiguos descubrimientos, a lo que cabe añadir la obra de egipcios, etruscos, de Asia Menor, etc., que cada vez más despiertan nuestro interés. Señales de ello ya pueden verse en la nueva ornamentación de la escuela de Wagner.

Así que ahora ya sabemos: el futuro arquitecto tendrá que trabajar él mismo y tener una educación clásica. Sí, podría afirmarse que, de entre todas las profesiones, la de arquitecto es la que exige la más rigurosa formación clásica. Sin embargo, para ajustarse a las necesidades materiales de su tiempo, también debe ser una persona moderna. No solo debe conocer con exactitud las necesidades culturales de su tiempo, sino que debe estar a la vanguardia de esta cultura, pues tiene en su poder dar un carácter diferente a ciertas formas de cultura y costumbres cuando traza una planta o diseña objetos de uso cotidiano. Por tanto, nunca lleva la cultura hacia abajo, sino hacia arriba.

Pero el futuro arquitecto también debe ser un *gentleman*. Atrás quedaron los días en que los honrados eran quienes no robaban. Arístides no sería reconocido hoy por su pobreza. Damos eso por sentado. Cada vez somos más sensibles a la justicia y la injusticia. Y, como última consecuencia, sacamos ahora esta conclusión: el arquitecto tampoco debe mentir en relación con el material. Sin duda, esta demanda ya se cumple por el mero hecho de que es el propio arquitecto quien se encarga de todo lo referente a los materiales. Porque el artesano no conoce esta mentira. El arquitecto dibujante fue quien por primera vez introdujo la mentira en la arquitectura.[1] Pero, como el arquitecto no puede dominar todos los materiales por igual (de hecho, cada persona solo puede dominar uno), ha aparecido una especialización, como ocurría en épocas anteriores: el arquitecto de piedra (cantero),[2] de ladrillo (albañil), de estuco (estucador) y de madera (carpintero). Que uno quiere una iglesia de piedra, acude al cantero; que quiere un cuartel de obra vista, lo hará el albañil; que quiere un edificio de viviendas, se le encarga al estucador; que quiere un techo de madera para el comedor, lo hará el carpintero.

---

[1] A veces uno encuentra objeciones que parecen estar justificadas. En referencia a las obras de *stucco lustro* del Renacimiento italiano, imitaciones directas de mármol, quisiera objetar que los antiguos marmoleados no buscaban tanto imitar el material, sino los ricos motivos del mármol. Esto también lo hace el cantero, que trata de trasladar a su material una máscara, un acanto, un festón. Pero, a diferencia de sus modernos sucesores, los marmoleados antiguos nunca intentaban imitar las finísimas juntas. Al contrario, al trabajar en grandes superficies sin juntas veían las ventajas que el marmoleado tenía sobre el mármol real. A esto lo llamo yo auténtica artesanía orgullosa de serlo y, en comparación, nuestros estucadores parecen pobres estafadores que siempre tienen miedo de ser sorprendidos con las manos en la masa.

[2] Obsérvese la grandeza que contiene el título: Friedrich Schmidt, cantero alemán. Como bien es sabido, Schmidt, maestro de obras de la catedral, se negaba a aparecer como arquitecto; siempre insistía en su oficio artesano.

Bien, pero —podría objetarse— ¿dónde reside entonces un equilibrio artístico similar? Niego su necesidad. Nadie puede negar que en el pasado se construyeron magníficos edificios de esta manera. Un edificio en el que todos los detalles, hasta las placas de las cerraduras, salgan de una sola cabeza pierde toda frescura y se vuelve aburrido. Siempre el mismo ornamento, la misma silueta, a veces un poco más grande, otras más pequeño, en la fachada, en la puerta de entrada, en el vestíbulo, en el pavimento de mosaico, en el farol, en el papel de pared. Qué espacio tan magnífico es la sala dorada del ayuntamiento de Augsburgo, y, sin embargo, debe su creación a dos artistas: su efecto espacial al maestro de obras Elias Holl y el maravilloso techo al maestro carpintero Wolfgang Ebner. Pero un equilibrio artístico similar se vuelve ilusorio simplemente por la excesiva división del trabajo. Cuántas veces dos, o incluso tres, arquitectos forman una empresa y la ejecución real se deja a un ejército de dibujantes. Esto puede cambiarse fácilmente: es el artista, el jefe, quien hace el boceto y deja los detalles a los dibujantes, quienes también han aprendido su oficio. Probablemente, el propio jefe hará las correcciones, pero se someterá con gusto al juicio experto de sus empleados. Eso sí, el propio artista debe dominar uno de los cuatro oficios mencionados anteriormente.

He expuesto aquí lo que puede alcanzar nuestro entendimiento, sin entrar en conclusiones utópicas. Estas sugerencias pueden aplicarse al presente y al futuro inmediato. No me ha parecido necesario investigar si los cambios sociales producirán nuevas formas e ideas, pues en la actualidad aún prevalece la cosmovisión capitalista, y mis comentarios solo son aplicables a esta.

Los materiales de construcción
1898

¿Qué tiene más valor, un kilo de piedra o uno de oro? La pregunta parece completamente ridícula, pero solo para el comerciante. El artista responderá: "Para mí todos los materiales son igualmente valiosos".

La *Venus de Milo* tendría el mismo valor de haberse hecho con piedra para pavimentar —en Paros pavimentan las calles con mármol del país— o con oro. La *Madonna Sixtina* no valdría ni un céntimo más si Rafael hubiera mezclado algunas libras de oro en los colores. En el hipotético caso de que tuviera que fundir la *Venus* de oro o raspar la *Madonna Sixtina*, un comerciante pensaría completamente distinto.

El artista, en cambio, solo tiene una ambición: dominar el material de forma que separe su obra del valor del material en bruto. Sin embargo, nuestros artistas de la construcción desconocen dicho anhelo. Para ellos, un metro cuadrado de superficie de muro de granito es más valioso que uno de mortero.

El granito en sí carece de valor. Se encuentra en el campo y cualquiera puede cogerlo, o conforma montañas enteras, cordilleras enteras, que solo es necesario excavar. Con él se pavimentan las calles, se adoquinan las ciudades. Es la piedra más común, el material más corriente que conocemos y, sin embargo, hay gente que lo considera nuestro material más valioso.

Esa gente dice "material" cuando quiere decir "trabajo". Fuerza de trabajo humano, destreza y arte. El granito requiere mucho trabajo para arrancarlo de las montañas, para llevarlo a su destino, para darle una forma correcta y para conferirle un aspecto agradable mediante la talla y el pulido. Nuestro corazón experimenta un profundo estremecimiento ante un muro de granito pulido, pero ¿ante el material? No, ante el trabajo humano.

Entonces, ¿sería el granito más valioso que el mortero? No se ha dicho tal cosa, pues una pared con una decoración en estuco de la mano de Miguel Ángel ensombrecería al mejor muro de granito pulido. Para poder valorar un objeto, no solo cuenta la cantidad, sino la calidad del trabajo realizado.

Vivimos en una época en la que se prioriza la cantidad de trabajo. Al poder medirlo más fácilmente, cualquiera puede percibirlo y no requiere de una mirada habituada a otro tipo de conocimiento. Aquí no se producen errores: tantos jornaleros han trabajado tantas horas por tanto dinero. Todo el mundo puede calcularlo y, por tanto, saber fácilmente el valor de las cosas de las que se rodea, de otro modo no tendrían ninguna finalidad. En consecuencia, aquellos materiales que necesiten más trabajo serán los más apreciados.

Pero esto no fue siempre así. Antaño se construía con los materiales más fáciles de conseguir. En unos lugares los muros eran de ladrillo, en otros de piedra y en otros se revestían con mortero. Quienes así construían ¿no quedaban completamente empequeñecidos por el arquitecto que construía con piedra?, ¿y por qué deberían hacerlo? A nadie se le ocurría nada semejante. De haber habido canteras cerca, se habría construido con piedra, pero acarrearla desde lejos parecía tener más que ver con el dinero que con el arte. Y antaño se valoraba mucho más el arte, la calidad del trabajo, que en la actualidad.

En el campo de la arquitectura, épocas semejantes dieron lugar a fuerzas de la naturaleza. Fischer von Erlach no necesitaba granito para hacerse entender. Creaba obras de arquitectura de arcilla, cal y arena que nos impresionan tanto como las mejores obras hechas con los materiales más difíciles de trabajar. Su espíritu, su arte, dominaba el material más desdichado. Von Erlach estaba en situación de otorgar la nobleza del arte al polvo más popular; un rey en el reino de los materiales.

Sin embargo, el presente está dominado por el jornalero, no por el artista; no domina la idea creadora, sino el tiempo de trabajo. Y también al jornalero se le está arrebatando poco a poco este dominio, pues se ha descubierto algo que produce el trabajo cuantitativo mejor y más barato: la máquina.

Pero todo tiempo de trabajo, tanto el de la máquina como el de un culí, cuesta dinero. ¿Y si no se tiene dinero? Entonces se empieza a simular el tiempo de trabajo y a imitar los materiales.

El respeto por la cantidad de trabajo es el enemigo más temible de la industria, pues trae como consecuencia la imitación. La imitación ha desmoralizado a gran parte de nuestra industria. De ella se ha borrado todo orgullo, todo espíritu de artesanía. "¿Qué eres capaz de hacer, impresor?". "Sé imprimir de tal manera que parece una litografía". "Y tú, litógrafo, ¿qué puedes hacer?". "Puedo litografiar como si estuviera tallado en madera". "¿Y tú, ebanista?". "Sé tallar ornamentos que parecen tan finos como si los hubiera hecho un estucador". "¿Y tú, estucador?". "Sé imitar a la perfección molduras y ornamentos, y simulo juntas tan finas que parecen auténticas, como la obra del mejor cantero". "¡Esto lo sé hacer yo también! —grita con orgullo el hojalatero—; cuando mis ornamentos están pintados y pulidos, nadie cree que son de hojalata". ¡Triste sociedad!

Por nuestra industria pasa el espíritu de la autodegradación. No sorprende que, llegados a este punto, no les vaya nada bien las cosas; no les puede ir bien. Ebanista, ¡siente el orgullo de ser ebanista! El estucador hace ornamentos, pero debes pasar ante él sin envidia, sin deseo alguno. Y a ti, estucador, ¿qué te importa el ebanista? Por desgracia, el cantero tiene que hacer juntas porque las piedras pequeñas son más baratas que las grandes. Enorgullécete de que tu trabajo no necesite de estos pequeños cortes y juntas que fragmentan las columnas, los ornamentos y los muros. Enorgullécete de tu oficio y alégrate de no ser cantero.

Pero estoy predicando en el desierto. El público no quiere artesanos orgullosos, ya que, cuanto mejor sabe uno imitar, más apoyo recibe del público. El respeto a los materiales caros, el signo más inequívoco de la condición de advenedizo en que se encuentra nuestro pueblo, no quiere otra cosa. Al advenedizo le parece vergonzoso no adornarse con diamantes, no poder llevar pieles y no poder vivir en un palacio de piedra desde que supo que los diamantes, las pieles y las fachadas de piedra cuestan mucho dinero. Ignora que la falta de todos ellos no influye para nada en la elegancia. Pero, como no tiene mucho dinero, echa mano de sucedáneos, de imitaciones, una empresa ridícula, pues a quienes pretende engañar —es decir, a quienes tienen medios suficientes para rodearse de diamantes, pieles y fachadas de piedra— no puede darles gato por liebre y tales esfuerzos les parecen cómicos. También son innecesarios para quienes se encuentran debajo de ellos si son conscientes de su superioridad.

La imitación ha dominado todo el campo de la construcción en las últimas décadas. Los revestimientos de pared son de papel, no de tela, pero no debe notarse que lo son, y para ello tienen que parecer de seda adamascada, gobelino o tener un motivo de tapiz. Las puertas y las ventanas son de madera blanda, pero, como las maderas duras son más caras, deben pintarse como su estuvieran hechas con estas últimas. El hierro debe imitar al bronce y al cobre y pintarse de sus colores. Sin embargo, frente al cemento, un descubrimiento del siglo XIX, no cabía posible defensa. Como es un material magnífico en sí, para ponerlo en valor solo se pensó en una cosa, de igual modo que se piensa con cualquier material nuevo: ¿qué puede imitarse con él? Se utilizó como sucedáneo de la piedra y, como el cemento es extraordinariamente barato, lo utilizaron con gran profusión, como buenos advenedizos. Una verdadera epidemia del cemento se apoderó del siglo. "¡Ay!, querido señor arquitecto, ¿podría usted poner un poco de arte en la fachada por cinco florines más?", rogaba el vanidoso propietario. Y el arquitecto ponía tantos florines de arte como le pedían y, a veces, algunos más.

En la actualidad, el cemento se utiliza para imitar trabajos de estucador. Es típico del comportamiento de los vieneses que me hayan tachado de materialista a mí, que me opongo con energía a la violencia sobre los materiales, a la imitación. Obsérvese el sofisma: de eso me han tachado personas que otorgan al material tal valor que no se asustan frente a su falta de carácter y optan por sucedáneos.

Los ingleses nos han traído los papeles pintados. Por desgracia, no han podido enviarnos casas enteras. Sin embargo, gracias a dichos papeles pintados ya vemos lo que pretenden. Son papeles pintados que no se avergüenzan de estar hechos de ese material. ¿Por qué? Hay ciertos revestimientos de pared que cuestan más, pero los ingleses no son advenedizos. Uno nunca pensaría que no tuvieron suficiente dinero para arreglar sus casas. Sus paños para indumentaria son de lana de oveja, que se muestra como tal. Si la dirección del arte de vestir se dejara en manos de los vieneses, la lana de oveja se hilaría como si fuera terciopelo o raso. Los paños ingleses para trajes —es decir, los que utilizamos nosotros— nunca muestran el "quiero y no puedo" vienés, a pesar de que solo son de lana.

Y así habríamos llegado al capítulo más importante de la arquitectura, el principio desde donde todo arquitecto debería construir su abecé, el principio del revestimiento, que dejaremos para un próximo artículo.

El principio del revestimiento

1898

Todos los materiales tienen el mismo valor para los artistas, pero no todos son igualmente útiles para cualquier fin. La resistencia y la construcción necesarias exigen a menudo materiales que no concuerdan con la finalidad del edificio. Pongamos que el arquitecto tiene la tarea de construir un espacio cálido y habitable. Las alfombras son cálidas y habitables, así que el arquitecto decide extender una alfombra en el suelo y colgar cuatro tapices de modo que conformen las paredes. Sin embargo, una casa no puede construirse con alfombras. Tanto la alfombra como el tapiz necesitan un armazón constructivo que los sostenga en su posición correcta. Encontrar este armazón es la segunda tarea del arquitecto.

Este es el camino correcto y lógico que debe seguirse en el arte de construir, y este ha sido el recorrido a través del cual la humanidad ha aprendido a construir. En los inicios estaba el revestimiento. El ser humano buscó protección de las inclemencias del tiempo, abrigo y calor para cuando dormía. Buscaba estar bajo cubierto. La cubierta es el primer detalle arquitectónico. En un principio estaba hecha de pieles de animales o productos del arte textil. Su significado aún puede reconocerse hoy en las lenguas germánicas [en alemán, *Decke* significa tanto 'cubierta' como 'manta']. La cubierta debía disponerse de modo que ofreciera el suficiente espacio como para dar cobijo a toda una familia. De ahí provienen las paredes que, de igual modo, ofrecen protección lateral. Y así evolucionó el pensamiento constructivo, tanto en la humanidad como en el individuo.

Hay arquitectos que lo hacen de otra manera. Su fantasía no conforma espacios, sino paredes, y lo que queda entre estas son los espacios. Y, para estos espacios, el arquitecto elije el tipo de revestimiento que considera adecuado.

Sin embargo, el artista, el *arquitecto*, siente primero el efecto que quiere conseguir y después visualiza, con su ojo espiritual, los espacios que busca. Los efectos que pretende en el espectador —miedo o temor en una cárcel, devoción en una iglesia, respeto al poder del Estado en un palacio gubernamental, piedad ante un monumento funerario, sentimiento hogareño en una casa o alegría en una taberna— vienen dados por el material y la forma.

Cada material tiene su propio lenguaje formal y ningún material puede reclamar para sí las formas de otro material, pues estas son el resultado de una utilidad y de una fabricación propias y han surgido con y gracias a ese material. Ningún material permite una intromisión en su círculo de formas; a quien se atreve a entrometerse, el mundo lo tilda de falsificador. Sin embargo, el arte no tiene nada que ver con la falsificación, con la mentira; sus caminos, aunque llenos de espinas, son puros.

La torre de la catedral de San Esteban, en Viena, podría construirse con cemento y colocarse en cualquier otra parte, pero ya no sería una obra de arte. Y lo que es válido para esta torre también sirve para los palacios Pitti y Farnese. Y con estos edificios, entraríamos de lleno en la arquitectura del Ring vienés. Una época triste para nuestro arte, una época triste para los pocos artistas que había entre los arquitectos, obligados a prostituir su arte en favor de la plebe. Solo unos pocos consiguieron encontrar clientes con una ideología lo bastante abierta como para permitirles hacer lo que querían. El más afortunado fue Friedrich von Schmidt, seguido de Theophil von Hansen, quien, cuando las cosas le iban mal, buscaba consuelo en la construcción con terracota. El pobre Heinrich von Ferstel debió padecer tremendas angustias, pues en el último momento se le obligó a aplacar con hormigón partes enteras de la fachada de su edificio de la universidad. Salvo escasas excepciones, el resto de los arquitectos de la época del Ring se sabían libres de tales sensiblerías.

¿Ha cambiado algo? Permítame que no conteste a esta pregunta. Aún predomina la imitación y el arte del sucedáneo; sí, hoy incluso más que entonces. En los últimos años ha habido gente que se ha prestado a defender tal tendencia —uno, sobre todo, de forma anónima, pues el asunto le pareció muy turbio—, de modo que el arquitecto de sucedáneos ya puede trabajar a sus anchas. Ahora se fija con aplomo la construcción a la fachada y se cuelgan las "ménsulas", aquellas con derecho artístico, bajo la cornisa principal. ¡Adelante, mensajeros de la imitación, fabricantes de incrustaciones calcadas, de ventanas chapuceras para vuestras casas y de jarras de papel maché! ¡En Viena florece una nueva primavera, el terreno está abonado!

Pero la estancia completamente forrada de alfombras y tapices ¿no es una imitación? ¡Las paredes no están construidas con tapices! Claro que no. Pero esos tapices solo quieren ser tapices, no mampostería; nunca quieren mostrarse como esta, ni imitar su color ni su motivo, sino que dejan claro su significado como revestimiento de la superficie de la pared. Cumplen con su finalidad según el principio del revestimiento.

Como ya se ha dicho anteriormente, el revestimiento es más antiguo que la construcción. Los fundamentos del revestimiento son muy diversos. A veces se trata de la protección contra las inclemencias del tiempo, como el barniz al aceite que se aplica a la madera, al hierro o la piedra; otras veces tiene unos motivos higiénicos, como las baldosas esmaltadas para proteger la superficie de las paredes de los lavabos, y otras es el medio para lograr un efecto determinado, como sucede cuando se policroman las estatuas, se empapelan las paredes o se panelan con madera. El principio del revestimiento —expresión utilizada por primera vez por

Gottfried Semper— también es extensible a la naturaleza. El ser humano está revestido por la piel; el árbol, por la corteza.

A partir de este principio del revestimiento, formulo una ley completamente definida que llamo "ley del revestimiento". Que nadie se asuste. Comúnmente se dice que las leyes ponen punto final a una evolución y que los maestros antiguos nunca tuvieron la necesidad de dichas leyes. Cierto. Allí donde no se conoce el robo sería innecesario establecer unas leyes que lo castiguen. Cuando los materiales empleados para el revestimiento no eran imitaciones, tampoco era precisa ninguna ley. Sin embargo, creo que ha llegado la hora de redactarla.

La ley dice así: debe trabajarse de tal manera que no se confunda el material revestido con el revestimiento, es decir, que la madera puede pintarse con cualquier color, excepto del color de la madera. En una ciudad como Viena, cuya comisión de exposiciones decide pintar toda la madera de la cúpula "como si fuera caoba", donde se pinta toda la madera con una capa decorativa, esta frase es muy arriesgada. Parece que hay gente que lo considera algo muy distinguido. Puesto que los vagones de los trenes y de los tranvías, y en general todo tipo de vagones, son de fabricación inglesa, son los únicos objetos de madera que presentan colores puros. Me atrevo a afirmar que uno de esos vagones, sobre todo los del tranvía eléctrico, me gusta más con colores puros que pintado "como si fuera caoba" según los principios de embellecimiento de la comisión de exposiciones.

Pero en nuestro pueblo dormita, aunque profundamente soterrado, el verdadero sentimiento de la distinción, pues de otro modo la empresa no pintaría los vagones de tercera clase de color madera y los de primera y segunda de color verde.

En cierta ocasión expliqué a un colega este sentimiento inconsciente de una manera drástica. En la planta primera de un edificio había dos pisos. Al inquilino de una de estas viviendas se le ocurrió, pagando el coste, hacer pintar de blanco los marcos de las ventanas, originalmente marrones. Entonces llevamos a una serie de personas delante de la casa y apostamos a que, sin advertirles de las diferencias entre las ventanas, adivinaran en cuál de las viviendas vivía el señor Pluntzengruber y cuál el conde de Liechtenstein, dos nombres inventados. Todos ellos dijeron unánimemente que la parte la marrón pertenecía al señor Pluntzengruber. Desde entonces, mi colega solo pinta de blanco.

Naturalmente, la imitación de la madera es un invento del siglo XIX. En la Edad Media la madera se pintaba predominantemente de color rojo chillón, azul en el Renacimiento, y blanco por dentro y verde por fuera en el Barroco y el rococó. Los campesinos conservan aún tan buena salud que pintan con colores puros. ¡Qué bello efecto producen en el campo los portones y verjas verdes en contraste con la tierra, los postigos verdes contra la pared recién pintada de blanco! Desgraciadamente, en algunas poblaciones ya ha penetrado el gusto de la comisión de exposiciones vienesa.

Todavía recordamos la indignación moral de la industria artística de sucedáneos cuando llegaron a Viena los primeros muebles, procedentes de Inglaterra, que empleaban pintura al aceite. La indignación de los bien educados no iba dirigida contra la pintura de los muebles ingleses, pues en Viena ya se utilizaba la pintura al aceite para las maderas blandas; lo que indignaba a aquellos santos varones era que los muebles se atrevieran a mostrar la pintura de una manera tan franca y abierta en lugar de imitar maderas duras. Fruncieron el ceño e hicieron como si nunca se hubiera utilizado la pintura al aceite. Probablemente estos señores se creían que la madera veteada de sus muebles y sus construcciones pasaba por madera dura.

Mejor no dar nombres de la exposición de embadurnadores; creo que dicho colectivo me lo agradecerá.

Aplicado a los estucadores, el principio del revestimiento diría: el estuco puede imitar cualquier ornamento, a excepción de uno, el de la obra de fábrica de ladrillo. Debería pensarse que resulta innecesario el enunciado de algo tan natural, pero hace poco me ha llamado la atención un edificio cuya pared estucada se había pintado de rojo con unas juntas blancas. También se incluiría aquí la tan querida decoración de cocinas que imita sillares de piedra. En general, los materiales que sirven para revestir paredes —papeles pintados, hules, tejidos y tapices— nunca deben representar ladrillos ni sillares. Y también puede entenderse por qué las medias de malla de las bailarinas tienen un efecto tan antiestético. El tejido de punto puede teñirse de cualquier color, excepto del de la carne.

Un material de revestimiento puede conservar su color natural, aunque el material revestido tenga ese mismo color. De este modo, puedo pintar el acero negro con alquitrán, y cubrir la madera con otra madera (panelado, marquetería, etc.) sin necesidad de pintar la madera de recubrimiento; puedo revestir un metal con otro mediante el fuego o el galvanizado. Sin embargo, el principio del revestimiento prohíbe imitar el material de debajo mediante una pintura. Así, el hierro puede alquitranarse, pintarse al aceite o galvanizarse, pero nunca taparse con color bronce, es decir, con el color de otro metal.

También son dignas de mención las placas de chamota y las de piedra artificial que imitan tanto el pavimento de terrazo (mosaico) como las alfombras persas. Sin duda, hay quien se lo cree; los fabricantes deben conocer a su público.

Pero no, arquitectos imitadores y de sucedáneos, ¡os equivocáis! El alma humana es demasiado elevada y sublime como para poder engañarla con vuestros recursos y trucos. Cierto es que nuestros miserables cuerpos están a vuestra merced; solo tienen cinco sentidos para distinguir lo verdadero de lo falso. Y allí donde el ser humano no alcanza con sus órganos sensoriales, empieza vuestro dominio, vuestro reino. Pero, lo digo una vez más:

¡os equivocáis! Pintad bien alto, sobre el techo de madera, vuestras mejores incrustaciones; los infelices ojos lo darán por bueno y poco a poco lo aceptarán, pero la mente divina no creerá vuestro fraude. Pero solo la pintura al aceite es válida en las mejores incrustaciones pintadas "como auténticas".

Arquitectura

1910

¿Puedo conducirle a la orilla de un lago de montaña? El cielo es azul, el agua verde y todo está en completa calma. Las montañas y las nubes se reflejan en el lago, al igual que las casas, las granjas y las capillas. No parecen estar construidas por manos humanas, sino salidas del taller divino, como las montañas y los árboles, las nubes y el cielo azul. Todo respira belleza y silencio…

¿Qué es aquello de allí? Un tono equivocado dentro de esta calma, como un ruido innecesario. En medio de las casas de campesinos —que no las hicieron ellos, sino Dios— se levanta una villa. ¿Es obra de un buen o un mal arquitecto? No lo sé; solo sé que no hay calma ni silencio ni belleza.

A ojos de Dios no hay buenos ni malos arquitectos. Alrededor de su trono, todos los arquitectos son iguales. En las ciudades, donde reina Belial, se dan finos matices, como sucede con toda clase de vicios, y yo me pregunto: ¿cómo es que todo arquitecto, sea bueno o malo, mancilla el lago?

El campesino no lo hace. Tampoco el ingeniero que construye un ferrocarril en la ribera o que con su barco traza profundos surcos en la clara superficie espejada del lago. Ellos crean de otra manera. El campesino ha segado la hierba verde del lugar sobre el que debe levantarse la nueva casa y ha excavado la tierra para los cimientos. Entonces aparece el albañil. Si hay suelo arcilloso cerca, entonces habrá un tejar que proporciona ladrillos. Si no lo hay, también servirá la piedra de la orilla. Mientras el albañil coloca ladrillo sobre ladrillo, piedra sobre piedra, el carpintero ya tiene su lugar a su lado. Los hachazos suenan alegres. El carpintero hace el tejado, pero ¿de qué tipo?, ¿bello o feo? No lo sabe; simplemente, el tejado.

Y después el carpintero toma las medidas de las puertas y de las ventanas, y aparecen los demás a tomar medidas, y se van a trabajar a sus talleres. Más tarde, el campesino remueve cal en un gran cubo y encala su casa. No obstante, se guarda la brocha, pues volverá a utilizarla por Pascua, al año siguiente.

Ha querido levantar una casa para él, su familia y su ganado, y lo ha conseguido, al igual que lo hicieron su vecino o su bisabuelo, como cualquier animal que se deja llevar por sus instintos. ¿Es bella la casa? Sí, igual de bella que una flor o un cardo, que un caballo o una vaca.

Y vuelvo a preguntarme: ¿por qué un arquitecto, sea bueno o malo, mancilla el lago? Como casi cualquier habitante de la ciudad, el arquitecto no tiene cultura alguna. Carece de la seguridad del campesino, quien sí tiene cultura. El habitante de la ciudad es un desarraigado.

Llamo cultura al equilibrio entre el interior y el exterior de las personas, lo único que permite pensar y actuar de una manera razonable. En breve daré una conferencia cuyo título es "¿Por qué los papúas tienen una cultura y los alemanes no?".

Hasta ahora, la historia de la humanidad no contaba con ningún período sin cultura. Este período estaba reservado al habitante de la ciudad de la segunda mitad del siglo XIX. Hasta entonces, la evolución de nuestra cultura había sido continua; se obedecía a la época y no se miraba hacia delante o hacia atrás.

Pero entonces aparecieron los falsos profetas y dijeron: "¡Qué vida tan fea y triste la nuestra!". Y lo reunieron todo de todas las culturas, lo colocaron en museos y dijeron: "Ved, esto es belleza, pero vosotros habéis vivido en una deplorable fealdad".

Allí había muebles que eran como casas, con columnas y molduras, con terciopelo y seda, pero, sobre todo, había ornamentos. Y dado que, como hombre moderno y culto que era, el artesano no sabía dibujarlos, se fundaron escuelas para poder deformar a jóvenes sanos hasta que aprendieran. Como se hace en China, donde meten a los niños en jarrones y se los alimenta durante años hasta que, como abortos siniestros, hacen estallar su prisión. Al igual que sus hermanos chinos, estos abortos espirituales siniestros eran bien vistos, de modo que, gracias a sus deformaciones, podían ganarse el pan.

No había nadie que gritara a la gente: "¡Pensad, el camino de la cultura es un camino que va desde el ornamento hasta la ausencia de ornamento!". La evolución de la cultura equivale a la expulsión del ornamento de los bienes de uso. El papúa recubre todo lo que tiene a su alcance con ornamentos, desde su rostro y su cuerpo hasta su arco y su canoa de remos. Sin embargo, hoy el tatuaje es signo de degradación, y solo hacen uso de él los delincuentes y los aristócratas degenerados. A diferencia del papúa, la persona culta considera que es más bello un rostro sin tatuar, aunque los tatuajes sean de Miguel Ángel o Kolo Moser. Y la persona del siglo XIX no solo quiere que su rostro, sino que también sus maletas, sus trajes, sus muebles y sus casas estén fuera del alcance de los nuevos papúas fabricados artificialmente. ¿El gótico? Hemos superado a las gentes del gótico. ¿El Renacimiento? También lo hemos superado. Nos hemos vuelto más refinados y nobles. Carecemos de los nervios templados necesarios para beber en una gran copa de marfil tallada con una batalla de amazonas. ¿Hemos perdido las técnicas antiguas? ¡A Dios gracias! Las hemos cambiado por los sonidos esféricos de Ludwig van Beethoven. Nuestros templos ya no están pintados de azul, rojo, verde y blanco, como el Partenón de Atenas; no, hemos aprendido a sentir la belleza de la piedra desnuda.

Pero entonces —como ya he dicho antes— no había nadie, y los enemigos de nuestra cultura y los aduladores de viejas culturas vieron que el juego era fácil, y, además, estaban en un error. Entendían mal las épocas pasadas. Puesto que solo se conservaron aquellos objetos que, al estar cargados de ornamentos sin finalidad alguna, se prestaban poco al uso y no se desgastaban, únicamente nos han llegado aquellos objetos ornamentados, se creía que no había habido otro tipo de objetos. Además, resultaba más fácil determinar la antigüedad y el origen de los objetos por su ornamento, y la catalogación era una de las distracciones más edificantes de aquella época maldita.

El artesano no podía con todo, pues debía ser capaz de hacer en un único día aquello que habían hecho todos los pueblos durante siglos y, además, encontrar cosas nuevas. Aquellos objetos eran expresión de su cultura, y los maestros artesanos los producían de igual modo que el campesino construye su casa. El maestro artesano de nuestra época solo puede trabajar como los de antes, pero ni siquiera un contemporáneo de Johann Wolfgang von Goethe sabía ya hacer ornamentos. Entonces, se llamó a los deformados para que tutelaran al artesano.

El albañil, el maestro de obras, tenía un tutor. El maestro de obras se limitaba a construir casas con el estilo de su época. Sin embargo, quien pudiera construir en cualquier estilo del pasado, quien hubiera perdido el contacto con su propia época, aquel desarraigado y deformado pasaría a ser el personaje dominante, el arquitecto.

El artesano no podía prestar mucha atención a los libros; en cambio, el arquitecto lo sacaba todo de ellos. Una enorme bibliografía le proporcionaba un conocimiento absoluto. No se previó que esta ingente cantidad de publicaciones produciría un efecto nefasto sobre la cultura urbana, ni que impediría cualquier reflexión sobre nosotros mismos. Daba igual que el arquitecto estuviera imbuido en las formas, de modo que pudiera copiarlas de memoria o delante de un modelo para su "creación artística", pues el efecto era siempre el mismo, siempre algo abominable. Y este horror iba creciendo hasta el infinito. Todos querían ver su obra inmortalizada en nuevas publicaciones, y aparecieron muchas revistas de arquitectura que complacían la vanidad de los arquitectos, y así hasta hoy.

Pero el arquitecto también ha sustituido al trabajador de la construcción por otro motivo. Aprendió a dibujar y, como no aprendió otra cosa, acabó haciéndolo bien. El artesano no sabe dibujar; su mano se ha vuelto pesada. Los trazos de los viejos maestros son ahora torpes; cualquier estudiante de arquitectura puede hacerlos mejor. Además, tenemos al dibujante habilidoso que todo estudio de arquitectura busca ¡y al que se le paga muy bien!

Gracias a los arquitectos, el arte de construir se ha reducido a un arte gráfico. No tiene más encargos quien sabe construir mejor, sino aquel cuyas obras lucen mejor en papel, y ambas cosas están en las antípodas.

Si pudieran situarse las artes en una línea que partiera de las artes gráficas, a continuación pasaríamos a la pintura. De la pintura podríamos pasar, a través de la escultura policromada, a la plástica, y de ahí a la arquitectura. Las artes gráficas y la arquitectura son los extremos opuestos de dicha línea.

El mejor dibujante puede ser un mal arquitecto y el mejor arquitecto puede ser un mal dibujante. Cuando uno decide ser arquitecto, se le exige un talento para el arte gráfico. Toda nuestra arquitectura se ha imaginado en el tablero de dibujo y, desde un punto de vista plástico, los dibujos creados de esta manera se disponen como lo hacen las pinturas de un panóptico.

Sin embargo, para los maestros antiguos el dibujo solo era un medio para hacerse entender con los artesanos que ejecutaban las obras, del mismo modo que el poeta debe hacerse entender a través de la escritura. Pero nosotros no somos tan incultos como para permitir que un chaval aprenda poesía mediante la escritura caligráfica.

Esto es sobradamente sabido: toda obra de arte obedece a unas leyes internas, tan fuertes que solo pueden aparecer con una forma única.

Una novela que sea una buena obra dramática será igual de mala como novela que como obra dramática. Un caso aún más irritante es cuando se mezclan dos artes diferentes, aunque tengan puntos de contacto. Un cuadro que sirva para el conjunto de un panóptico es un mal cuadro. En el panóptico de Kastan puede verse un tirolés "de salón", pero no un amanecer de Claude Monet o un grabado de James A. M. Whistler. Pero es terrible cuando un dibujo de arquitectura se realiza en piedra, hierro o vidrio, pues se lo considera una obra gráfica por su tipo de representación, y entre los arquitectos hay verdaderos artistas gráficos. Porque el signo que se percibe como auténtico de la arquitectura es que carezca de efectos planos. Si pudiera borrar de la mente de mis contemporáneos el hecho arquitectónico más fuerte, el palacio Pitti, y presentar a un concurso un dibujo de él, hecho por el mejor dibujante, me encerrarían en un manicomio.

Hoy, sin embargo, predomina el dibujante ágil. Las formas ya no son creadas por las herramientas, sino por el dibujo. Al ver el perfilado o el tipo de ornamentación de un edificio, el observador puede distinguir si el arquitecto trabaja con un lápiz del número 1 o uno del 5. Y el compás, ¡qué horrible estrago del gusto produce! El punteado con el tiralíneas ha generado la plaga de la cuadriculación. Ningún marco de ventana ni placa de mármol se queda sin puntear a escala 1:100, y el albañil y el cincelador deben rascar y picar ese sinsentido gráfico con el sudor de su frente. Si, por casualidad, al artista le entra tinta china en el tiralíneas, entonces también dará trabajo al dorador.

Pero yo digo: un buen edificio no causa ninguna impresión cuando se lo traslada al plano, a la imagen. Mi mayor orgullo es que los interiores que he creado no tengan efecto en las fotografías, que los habitantes de mis espacios no puedan reconocer en fotografías sus propias viviendas, de igual modo que el propietario de un Monet no reconocería la obra en el panóptico de Kastan. Tengo que renunciar al honor de ver publicadas mis obras en revistas de arquitectura; me está prohibido satisfacer mi vanidad.

Y quizá por esta razón mi influencia carece de efecto. No se conoce nada de mí, pero, precisamente por ello, se muestra la fuerza de mis ideas y la rectitud de mi enseñanza. Yo, de quien no hay nada publicado, de quien se ignoran las obras, soy el único entre miles que tiene verdadera influencia. Puedo demostrarlo con un ejemplo. Cuando tuve la ocasión de crear algo por primera vez —algo bastante difícil porque, como ya he dicho anteriormente, mis obras no pueden representarse de manera gráfica—, fui duramente perseguido. Fue hace doce años, con el Café Museum de Viena. Los arquitectos lo llamaron "Café Nihilismus", pero el Café Museum sigue en pie hoy, mientras que todo el resto de los miles de trabajos modernos de ebanistería hace tiempo que han acabado en el trastero o avergüenzan a sus autores. Para ver que el Café Museum ha tenido mayor influencia sobre nuestras obras de ebanistería modernas que todas las anteriores juntas, basta con hojear la revista *Dekorative Kunst* de 1899, de Múnich, donde se publicó este interior, creo que por descuido de la redacción. Sin embargo, no fueron esas dos fotografías publicadas las que ejercieron la influencia, pues pasaron completamente inadvertidas, sino solo el vigor del ejemplo, ese vigor con el que también causaron efecto los maestros antiguos, cuyas obras se conocían rápidamente en los puntos más lejanos del mundo, a pesar de que, o, mejor dicho, porque entonces no había correos, telégrafos ni periódicos.

En la segunda mitad del siglo XIX apareció la llamada de los incultos: "¡No tenemos ningún estilo de construcción!". ¡Qué falso, qué incorrecto! Justamente esa época tuvo un estilo muy acentuado, uno más acentuado que el de cualquier otra época anterior; se trataba de un cambio sin precedentes en la historia de la cultura. Sin embargo, puesto que los falsos poetas solo sabían reconocer un producto por la diferente apariencia de sus ornamentos, el ornamento pasó a ser un fetiche, que se suplantó llamándolo "estilo". Ya teníamos un verdadero estilo, pero no un ornamento. Si pudieran destruirse todos los ornamentos de nuestras casas antiguas y nuevas de modo que solo quedaran los muros desnudos, resultaría realmente difícil distinguir entre una casa del siglo XV y otra del siglo XVII. Sin embargo, cualquier profano podría distinguir las casas del siglo XIX. Carecíamos de ornamento, aunque ellos se lamentaran de que carecíamos de estilo. Así que copiaron ornamentos desaparecidos hacía tiempo hasta que ellos mismos los encontraron ridículos. Cuando ya no pudieron seguir con ello, crearon nuevos ornamentos; es decir, estaban tan hundidos desde el punto de vista cultural que ya no podían continuar haciéndolo. Y ahora se alegran de haber encontrado, por fin, el estilo del siglo XX.

Pero este no es el estilo del siglo XX. Hay muchos objetos que muestran en forma pura el estilo del siglo XX. Son aquellos hechos por fabricantes que no trabajan bajo la tutela de los degenerados; sobre todo los sastres, pero también los zapateros, los bolseros, los guarnicioneros, los constructores de carruajes, los fabricantes de instrumentos y todos aquellos que escaparon del desarraigo general solo porque al inculto su obra no le parecía lo suficientemente noble como para incluirla en sus reformas. ¡Qué suerte! Con todos esos restos que me han dejado los arquitectos, hace doce años pude reconstruir la ebanistería moderna, aquella que tendríamos si los arquitectos nunca hubieran metido sus narices en un taller de ebanistería, pues yo no he abordado esta tarea como un artista, creando libremente, dejando campo libre a la fantasía (imagino que es así como se expresan en los círculos artísticos). No. Yo acudí temeroso a los talleres, como un aprendiz, y respetuosamente observé al hombre del delantal azul y le rogué: "¡Déjeme participar de su secreto!". Vergonzosamente oculto a la mirada de los arquitectos, todavía quedaba algún vestigio de la tradición de los talleres. Y cuando vieron mis intenciones, cuando entendieron que yo no era uno de aquellos que querían desfigurar su amada madera con fantasías nacidas en el tablero de dibujo, cuando comprobaron que no quería estropear el noble color de su venerado material con barnices verdes o violetas, entonces afloró su orgullosa conciencia de taller y se hizo visible su tradición cuidadosamente oculta, y desahogaron su odio contra los opresores. Encontré así el revestimiento moderno para paredes en los paneles que tapan la cisterna de agua del viejo retrete, encontré la solución moderna para los cantos en las cajas donde se guardan cuberterías de plata y encontré cerraduras y herrajes en los fabricantes de maletas y pianos. Pero aún más importante fue descubrir que el estilo del año 1900 solo se diferenciaba del estilo de 1800 tanto como un frac de 1900 se diferencia de uno de 1800.

No se diferencian demasiado. Uno era de tela azul con botones dorados y el otro, negro con botones negros. El frac negro es del estilo de nuestro tiempo, nadie lo puede negar. En su soberbia, los deformados no prestaron atención a los cambios del traje, pues todos ellos eran hombres serios que consideraban que ocuparse de semejantes asuntos era algo que rebajaba su dignidad. Y así, nuestros trajes siguieron en el estilo de nuestra época. Al hombre digno y serio solo le correspondía ponerse a descubrir ornamentos.

Cuando por fin me encargaron la construcción de una casa, me dije: una casa puede haber cambiado, a lo sumo, su aspecto exterior, como el frac; es decir, no demasiado. Y vi cómo, siglo tras siglo, año tras año, los edificios antiguos iban emancipándose de los ornamentos. Tuve que empezar por el punto donde se había roto la cadena de la evolución, y una cosa sabía: para poder mantenerme en la línea de la evolución, la sencillez era crucial. Tenía que sustituir los botones dorados por los negros. La casa no tenía que llamar la atención. ¿No había acuñado yo en su momento la frase "Quien viste moderno es quien menos llama la atención"? Esto sonaba a paradoja, pero hubo personas honestas que recogieron esta y otras ideas paradójicas mías y las imprimieron, y ocurrió tan a menudo que al final la gente acabó tomándoselas como verdades.

Sin embargo, en lo que se refiere a pasar desapercibido, no había tenido en cuenta una cosa: aquello que era válido para los trajes no lo era para la arquitectura. Si los deformados hubieran dejado en paz a la arquitectura y se hubieran dedicado a reformar la vestimenta en la dirección de las fruslerías teatrales o de los sezessionistas —intentos no han faltado—, el problema hubiera sido a la inversa.

Imagínense ustedes la situación de esta guisa: uno llevaría una vestimenta de una época pasada o de un futuro lejano e imaginario, se verían hombres de la Antigüedad oscura y mujeres con peinados altos y faldas con miriñaque, elegantes señores con pantalones de color borgoña y, entre ellos, un par de pícaros modernos con escarpines violetas y jubones de seda de color verde manzana con estampados del profesor Walter Scherbel. Y, entonces, ¿no llamaría la atención si de pronto apareciera un hombre con un traje liso? Es más, ¿no provocaría un verdadero escándalo? ¿Y no se llamaría a la policía, cuya misión es alejar todo lo que suponga un escándalo?

Sin embargo, ocurre a la inversa: la vestimenta es correcta y la arlequinada se encuentra en el campo de la arquitectura. Mi edificio (me refiero a la Looshaus de Michaelerplatz, en Viena, construida el mismo año en que se escribió este artículo) provocó un verdadero escándalo, y la policía acabó haciendo acto de presencia. Uno puede hacer este tipo de cosas entre cuatro paredes, ¡pero no en plena calle!

***

A muchos les habrán surgido dudas a partir de estas últimas argumentaciones entre la sastrería y la arquitectura. La arquitectura es, pues, un arte; le concedemos esto de momento. Pero ¿nunca se han percatado de la extraña coincidencia que existe entre el aspecto exterior de los seres humanos y el de las casas? ¿No estaba en concordancia el estilo gótico con el sayo, el barroco con las pelucas? Pero ¿están en concordancia nuestras casas actuales con los trajes que vestimos? ¿Se teme la uniformidad? Sí, pero ¿no eran también uniformes los edificios antiguos de una época y dentro de un país? Eran tan uniformes que podemos clasificarlos, gracias precisamente a la uniformidad, según unos estilos y unos países, unos pueblos y unas ciudades. Los maestros antiguos desconocían la vanidad nerviosa; las formas venían determinadas por la tradición y no se cambiaban, sino que eran capaces de utilizarlas siempre fielmente a la forma fija, consagrada y tradicional. Nuevas tareas cambian la forma, y de este modo se rompen las reglas. Pero las gentes de una época estaban en concordancia con la arquitectura de su tiempo. Una casa construida de nuevo gustaba a todos. En la actualidad, la mayoría de las casas solo gustan a dos personas: al propietario y al arquitecto.

La casa tiene que gustar a todos, a diferencia de la obra de arte, que no tiene por qué gustar a nadie. La obra de arte es un asunto privado del artista; la casa no lo es. La obra de arte se coloca en el mundo sin que haya necesidad de que exista; la casa cumple una necesidad. La obra de arte no debe rendir cuentas ante nadie; la casa, ante cualquiera. La obra de arte quiere arrancar a los seres humanos de su comodidad; la casa tiene que servir a la comodidad. La obra de arte es revolucionaria; la casa es conservadora. La obra de arte enseña a los seres humanos nuevos caminos y piensa en el futuro; la casa piensa en el presente. El ser humano ama todo lo que le sirva para su comodidad y odia todo lo que le quiera arrancar de su posición conseguida y asegurada, todo lo que le importune. Y, así, el ser humano ama la casa y odia el arte.

Por tanto, ¿no será que la casa no tiene nada que ver con el arte y que la arquitectura no debería situarse entre las artes? Así es. Solo una parte muy pequeña de la arquitectura pertenece al arte: el monumento funerario y el monumento conmemorativo; todo el resto, todo aquello que sirve a un fin, debe quedar fuera del reino del arte.

Solo cuando consiga superarse este gran malentendido de que el arte es algo que puede adaptarse a un fin, solo cuando desaparezca la engañosa etiqueta de "artes aplicadas" del vocabulario de los pueblos, solo entonces tendremos la arquitectura de nuestro tiempo. El artista solo debe servirse a sí mismo; el arquitecto debe servir a la comunidad. Pero la confusión entre arte y artesanía ha causado a ambos, a la humanidad, un sinfín de daños. Por todo ello, la humanidad ya no sabe qué es el arte. Persigue al artista con una furia sin sentido y, en consecuencia, frustra la creación de la obra de arte. A cada hora, la humanidad comete el enorme e imperdonable pecado contra el Espíritu Santo. Asesinato y robo, todo puede perdonarse; sin embargo, no se perdonarán las numerosas novenas sinfonías que, en su engaño por perseguir a los artistas —aunque solo sea por omisión—, ha frustrado la humanidad. No se te perdonará la intromisión en los planes divinos.

La humanidad ya no sabe qué es el arte. Una exposición recientemente celebrada en Múnich se titulaba «Die Kunst im dienste des Kaufmannes» [El arte al servicio del comerciante] y no hubo nadie que se alzara en contra de esta desvergonzada expresión. Nadie se ríe al oír la bella expresión "arte aplicado".

Sin embargo, quien sepa que el arte está ahí para llevar a la humanidad cada vez más lejos y más arriba, para hacerla más semejante a Dios, siente la confusión entre el fin material y el arte como la más alta profanación. Los seres humanos no dejan que el artista haga lo que desea, pues no le tienen respeto, y la obra de artesanía, cargada de quintales de exigencias idealistas, no puede desarrollarse libremente. El artista no tiene el respaldo de la mayoría entre los vivos; su reino es el futuro.

Como existen edificios hechos con gusto y otros hechos sin él, la gente cree que los primeros han sido hechos por artistas y los segundos no. Sin embargo, construir con gusto todavía no es ningún mérito, como tampoco lo es no meterse el cuchillo en la boca o cepillarse los dientes por la mañana. Aquí se confunde arte y cultura. ¿Quién puede señalarme algo de épocas pasadas —es decir, cultas— carente de gusto? Las casas de los humildes albañiles de una ciudad de provincias tenían gusto; claro está que había albañiles de diferente categoría. Las grandes obras les correspondían a los grandes maestros, quienes, gracias a su magnífica formación, tenían un contacto más íntimo que el resto con el espíritu universal.

La arquitectura despierta estados de ánimo en el ser humano, de ahí que la tarea del arquitecto sea precisar los estados de ánimo. La habitación debe parecer cómoda; la casa, acogedora. El edificio de juzgados debe parecer como un gesto amenazador ante los vicios ocultos. El banco debe decir: "Aquí está tu dinero, bien seguro y guardado por gente honrada".

El arquitecto solo puede lograr esto si hace referencia a aquellos edificios que, hasta ahora, han producido esos estados de ánimo en el ser humano. El color del luto en China es el blanco, mientras que para nosotros es el negro. Por ello, a nuestros constructores les sería imposible provocar un estado de ánimo alegre con el negro.

Cuando encontramos un túmulo en el bosque, de un metro ochenta de largo y noventa centímetros de ancho, modelado en forma piramidal con una pala, nos ponemos serios y algo en nuestro interior nos dice: "Aquí hay alguien enterrado". *Esto es arquitectura.*

Nuestra cultura está construida sobre el reconocimiento de la absoluta superioridad de la Antigüedad clásica. Hemos tomado de los romanos la técnica de nuestro modo de pensar y sentir; de ellos tenemos nuestro sentido social y la disciplina del alma.

No es casualidad que los romanos no estuvieran en condiciones de descubrir un nuevo orden de columnas o un nuevo ornamento. Ya estaban demasiado avanzados para ello. Lo heredaron de los griegos y lo adaptaron para sus propios fines. Los griegos eran individualistas; cada construcción tenía sus propias molduras, su propia ornamentación. Sin embargo, los romanos pensaban de una manera social. Los griegos apenas supieron administrar sus ciudades, los romanos administraron el mundo. Los griegos derrocharon su fuerza creadora en los órdenes de las columnas, los romanos en la planta, y quien puede resolver la gran planta no piensa en nuevas molduras.

Desde que la humanidad siente la grandeza de la Antigüedad clásica, una idea común une a los grandes constructores, que piensan: "Yo construyo de igual modo que lo hubiesen hecho los romanos". Sabemos que no llevan razón. El tiempo, el lugar, la finalidad, el clima y el entorno se lo impiden.

Sin embargo, cada vez que el arte de construir se aleja de los ornamentos, se acerca al gran constructor, y este devuelve el arte de construir a la Antigüedad. Fischer von Erlach en el sur de Alemania y Andreas Schlüter en el norte fueron merecidamente los grandes maestros del siglo XVIII, y Karl Friedrich Schinkel, a quien hemos olvidado, en los umbrales del siglo XIX. ¡Que la luz de esta figura extraordinaria caiga sobre la nueva generación de constructores!

Reglas para quien construya en las montañas

1913

No construyas de manera pintoresca. Deja tal efecto a las tapias, las montañas y el sol. Quien se viste de manera pintoresca no es pintoresco, sino un payaso. El campesino no se viste de manera pintoresca, es pintoresco.

Construye tan bien como puedas. No mejor. No te excedas. Tampoco peor. No te sometas intencionadamente a un nivel inferior al que te corresponde por tu nacimiento y tu formación, incluso cuando vayas a las montañas. Habla con los campesinos en tu lengua. El abogado vienés que habla en dialecto vulgar con el campesino debe dejar de existir.

Fíjate en las formas con las que construye el campesino, pues son la sustancia acumulada de la sabiduría de los antepasados, pero busca el fundamento de la forma. Si los adelantos de la técnica han hecho posible mejorar la forma, utilícese la mejorada. El mayal evoluciona hacia la trilladora.

La llanura exige una disposición arquitectónica vertical; la montaña, una horizontal. La obra humana no debe competir con la obra divina. El observatorio de Habsburgo estropea el bosque vienés, pero el templo de los Húsares armoniza en el paisaje.

No pienses en el tejado, sino en la lluvia y la nieve. Así piensa el campesino, y por ello en las montañas construye el tejado más plano posible que le permiten sus conocimientos técnicos. En las montañas la nieve no debe deslizarse cuando ella quiera, sino cuando lo quiera el campesino. Pero el campesino debe poder subirse al tejado para quitar la nieve sin peligro para su vida. También nosotros tenemos que crear el tejado más plano posible de acuerdo con nuestra experiencia técnica.

¡Sé veraz! La naturaleza solo se sostiene con la verdad; se lleva bien con los puentes en celosía, pero rechaza los arcos góticos con torres y troneras.

No temas ser tachado de no ser moderno. Solo se permiten cambios en la antigua manera de construir si representan una mejora; de otro modo, quédate con la antigua. La verdad, aunque tenga cientos de años, tiene una relación más íntima con nosotros que la mentira que avanza a nuestro lado.

Arte patrio
1914

Los arquitectos han fracasado en reproducir los viejos estilos. Ahora, después de haberlo intentado sin éxito, vuelven a hacerlo cuando pretenden encontrar el estilo de nuestro tiempo. Entonces se les aparece la consigna "arte patrio" [*Heimatkunst*] como último clavo al que agarrarse. Espero que con esto se acabe el asunto para siempre. Espero que por fin se agote el arsenal de los malvados. Espero que finalmente la gente piense por sí misma.

La palabra *Heimat* [hogar, patria, terruño] suena muy bien. Y la preservación del modo de construir patrio es una exigencia legítima. Ningún cuerpo extraño debería aventurarse a entrar en un paisaje urbano, ninguna pompa de pagoda india debería abrirse camino en el campo. Pero ¿cómo resuelven la cuestión los artistas patrios? Por encima de todo, debe eliminarse para siempre todo avance técnico. Las nuevas invenciones, las nuevas experiencias no deben utilizarse porque… bueno, porque no se corresponden con el modo de construir patrio. Es una verdadera suerte para estos artistas que la gente de la Edad de Piedra no se planteara esta exigencia, pues en ese caso nosotros no tendríamos ningún modo de construcción patrio ¡y no podrían haber sobrevivido! La cubierta de *Holzzement* [madera-cemento], un logro que marca toda una época, hubiera sido recibida con gritos de júbilo por parte de los arquitectos de haberse conseguido en el siglo XVII, pero los artistas patrios la rechazan. Además, el resto de los arquitectos tampoco sabe bien qué hacer con ella. Hace trescientos años, cuando la construcción italiana cruzó los Alpes, los constructores vieneses suspiraban por la presión que ejercía el tejado de ripias de madera sobre su fuerza creativa. Para combatir la nieve y la lluvia del norte, se intentó utilizar tejas colocadas con mortero, se levantaron falsos muros sobre los frontones y se colocaron ventanas falsas. Durante siglos, la gente añoró la cubierta plana, pero cuando, después del gran incendio de Hamburgo, un sencillo comerciante de Hirschberg, en Silesia, resolvió por fin el gran problema de la cubierta plana y barata, resistente al fuego y al agua, el anhelo de siglos ya se había evaporado, y este gran momento verdaderamente se dio de bruces con una generación timorata. No se podía emplear la cubierta plana. Esto no era una desgracia en sí, pero sí lo es para la cultura de la humanidad que haya legisladores en Alemania que, bajo la presión de los artistas patrios, prohíban, por medio de la policía, la cubierta de *Holzzement*. Por razones estéticas. Porque en el campo las cubiertas se cubren con tejas o pizarra.

En Viena, los arquitectos destrozan la ciudad sin que la policía se lo pida; por voluntad propia. Así, toda la grandeza ha desaparecido de la ciudad. Cuando me encuentro junto a la ópera y miro hacia la Schwarzenbergplatz, tengo esta intensa sensación: ¡Viena! Viena, ciudad de millones de habitantes; Viena, metrópolis de un gran imperio; pero cuando miro los edificios de viviendas de alquiler de Stubenring, solo siento una cosa: la ciudad checa de Ostrava con cinco plantas.

Y aquí es donde lanzo la primera acusación a los artistas patrios. Quieren convertir las grandes ciudades en ciudades pequeñas, y las ciudades pequeñas en aldeas. Sin embargo, nuestro afán tiene que ir en la dirección contraria. Si en la elección de su vestimenta el ayudante de barbero se deja guiar por el justificado deseo de hacerse pasar por conde, no hay conde alguno que, en la elección de su vestuario, quiera que lo tomen por un ayudante de barbero. Este sencillo principio, este afán de distinción y, por tanto, de perfección que ha caracterizado a la humanidad desde sus orígenes, ha creado el estado actual de nuestra cultura. Pero los artistas patrios lo hacen al revés. Los mismos detalles, las mismas formas de tejados, voladizos, torres y frontones usuales en las casas de tres plantas de Ostrava ahora se utilizan en la capital.

La vieja Ringstrasse no es ninguna hazaña arquitectónica. Las formas de la piedra aparecen moldeadas en cemento y pegadas. Pero los nuevos edificios de Viena también tienen estos defectos. Sin embargo, las casas de la década de 1870 tomaron sus formas de los palacios de la nobleza italiana, tal como habían hecho los constructores del siglo XVIII. De ahí nos llegó un estilo vienés, el estilo de la capital. El edificio en la Michaelerplatz puede ser bueno o malo, pero una cosa que sus oponentes tienen que admitir es que no es provinciano, que es un edificio que solo puede levantarse en una ciudad de millones de habitantes. *Right or wrong, my country!* [Bien o mal, ¡mi país!]. Bien o mal, ¡mi ciudad!

Sin embargo, nuestros arquitectos no añoran el estilo arquitectónico vienés. Están suscritos a revistas alemanas de construcción y el resultado de tal suscripción es aterrador.

En tiempos recientes ha habido edificios en el centro de la ciudad de Viena que han sido importados de Magdeburgo o de Essen. Que los habitantes de Magdeburgo aguanten esos edificios no es asunto nuestro, pero en Viena podemos protestar contra ello.

Todos estos edificios tienen una cosa en común, una estructura vertical. Los alemanes se ofuscaron con el ejemplo de los grandes almacenes Wertheim. En Berlín, la ciudad de las calles interminablemente largas, puede que este sistema constructivo sea el apropiado. La estructura vertical interrumpe el largo frente de la calle y brinda unos deseados puntos de tranquilidad a la vista. Pero en Viena —y me refiero siempre al centro de la ciudad—, en la ciudad de las calles cortas, la vista exige una estructura horizontal de las fachadas. Robert Örley señaló acertadamente que la calle Graben ha sido arruinada para siempre debido a un nuevo edificio construido en su esquina con la Habsburgergasse. En esa misma calle está la columna de la Trinidad. Resulta obvio que esta columna requiere un fondo horizontal, pero se construyó un edificio que, viniendo de la Stephansplatz, da a la silueta de esta columna, también llamada de la Peste, el fondo más desfavorable que puede imaginarse. Llegando desde la calle Kohlmarkt, se volverá a ver una verdadera importación alemana en el emplazamiento del antiguo Trattnerhof.

Estoy a favor de la construcción tradicional. Un edificio modelo para el Graben es la Caja Postal de Ahorros, de Otto Wagner. Después de la construcción de este edificio, la tradición fue abandonada. Es desde este punto desde donde tenemos que continuar. ¿Hay algún cambio? ¡Oh, sí! Son los mismos cambios que han creado la nueva cultura. Nadie puede repetir una obra. Cada día crea nuevamente al ser humano, y el ser humano nuevo no puede hacer aquello que creó el antiguo. Cree estar trabajando en lo mismo, pero sale algo nuevo, algo imperceptiblemente nuevo, algo cuya diferencia se percibirá al cabo de un siglo.

¿No hay ningún cambio consciente?

También los hay. Mis alumnos saben que un cambio respecto de lo tradicional que viene de antiguo solo está permitido si representa una mejora. Y es ahí donde las nuevas invenciones abren grandes agujeros en la tradición, en el modo de construir tradicional. Los nuevos inventos —la luz eléctrica, la cubierta de *Holzzement*— no pertenecen a una región específica, sino a todo el globo terráqueo.

Y así también las nuevas direcciones del pensamiento pertenecen a todos los habitantes de la Tierra. La mentira del arte patrio era ajena a los constructores del Renacimiento. Todos construían en estilo romano. En España y Alemania, en Inglaterra y Rusia. Y así crearon el estilo de su patria, y la gente de hoy quiere acabar con toda evolución posterior.

Sí, el verdadero arte patrio ni siquiera se ve perjudicado cuando los maestros extranjeros construyen en el país. La sala del jardín del palacio Waldstein y el Belvedere de Praga se consideran, con razón, parte del Renacimiento alemán, y el palacio Liechtenstein, detrás del Burgtheater, es el más bello y monumental ejemplo del barroco vienés, aunque todos estos edificios fueron ejecutados por maestros y artesanos italianos. Aquí se está produciendo un proceso misterioso que aún no ha sido observado por los psicólogos y, por tanto, no ha sido aclarado. Se ve: incluso el maestro extranjero tiene que seguir en una ciudad solo su propia conciencia. Puede dejar el resto al aire que respira.

¿Cómo construirá, pues, el maestro de la gran ciudad cuando sea llamado a trabajar en el campo? Los artistas patrios dicen: "¡Como un campesino!".

Observemos al campesino en su trabajo. Señala el terreno sobre el que deberá levantar la casa y excava los cimientos. El albañil coloca ladrillo sobre ladrillo y, mientras tanto, el carpintero ha montado su taller al lado. El carpintero construye el tejado. ¿Es bonito o feo? No lo sabe. ¡El tejado!

A continuación llega el carpintero y toma medidas de las puertas y las ventanas; llegan todos los artesanos, toman medidas y van a trabajar a sus talleres. Y, cuando todo está colocado en su sitio, el campesino coge una brocha y pinta su casa toda de blanco.

Sin embargo, el arquitecto no puede trabajar así. Trabaja según un plan perfectamente definido y, si quisiera copiar la candidez del campesino, irritaría a todas las personas cultas tanto como a las muchachas de Ischl o los bolsistas que hablan un dialecto de la Alta Austria.

Esta actitud ingenua, este retroceso intencionado a otro estado de cultura es indigno y ridículo y, por tanto, ajeno a los maestros antiguos, que nunca fueron indignos y ridículos. Observad las antiguas casas señoriales y las iglesias campestres edificadas por constructores urbanos. Siempre fueron erigidas en el estilo que el constructor utilizaba en la ciudad. Pensad en el castillo de Weilburg, en Baden, y en las iglesias de principios del siglo XIX en la Baja Austria. ¡Cuán exquisitamente se mezclan con el paisaje! Mientras, los intentos infantiles de los arquitectos durante los últimos cuarenta años para acomodarse a la naturaleza con cubiertas empinadas, voladizos y otros elementos rústicos han fracasado miserablemente. Incluso el templo de los Húsares tiene el carácter del bosque de Viena, pero todas las torres de observación al estilo de ruinas de castillo profanan la montaña. Porque el templo de los Húsares es la verdad y el estilo de ruinas de castillo es mentira, y la naturaleza solo puede lidiar con la verdad.

Pero, en lugar de llevar al campo los últimos logros de nuestra cultura y de nuestra vida intelectual, en lugar de llevar nuestras nuevas invenciones y experiencias, los artistas patrios intentan llevar los modos de construcción rural a la ciudad. A estos señores, las casas de campo les parecen exóticas, y las describen con la palabra "pintorescas". Solo a nosotros nos parecen pintorescos los ropajes de los campesinos, sus enseres domésticos y sus casas. Los propios campesinos no se sienten nada pintorescos, ni tampoco encuentran sus casas pintorescas. Ellos nunca han construido de manera pintoresca. Pero los arquitectos de la ciudad ya no lo hacen de otra manera. Las ventanas irregulares son pintorescas, las paredes toscas y desconchadas son pintorescas, las viejas tejas son pintorescas. Y en la ciudad todo esto se imita siguiendo los dictados del arte patrio. Se permite construir cinco plantas, pero se finge que el edificio tiene menos —moral de campo— y que solo hemos levantado cuatro. ¿Y la quinta? Es el tejado cubierto de tejas que tienen que fingir todas las finuras posibles para que parezcan centenarias. Pero el verdadero artista patrio también se preocupará de colocar el adecuado musgo, y tampoco se olvidará de la siempreviva. Y ya veo venir el momento en que nuestros edificios comerciales y nuestros edificios de vivienda de alquiler, nuestros teatros y nuestras salas de conciertos se cubran con ripias de madera y paja; siempre con lo vergonzoso del campo.

Lo que ahora se muestra bajo el lema de "arquitectura patria" en nuestra ciudad y en nuestros suburbios es espantoso. Se ha olvidado el elegante estilo con el que nuestros bisabuelos construyeron en los distritos de Hietzing y Döbling, y en el paisaje se ha desatado un caos de volutas rococós, balcones, ridículas soluciones de esquinas, voladizos, frontones, torres, tejados y veletas. Si uno está suscrito a un periódico estadounidense, construye con sillares que, sin embargo, no proceden de las Montañas Rocosas, sino que fueron cuidadosamente tallados por el maestro cantero Fulano de Tal hasta que parecieron realmente del salvaje Oeste; si otro está suscrito a la revista *The Studio* construye las llamadas pajareras, casas transparentes que permiten que el espectador adivine su planta, con todas sus estancias más secretas, desde lejos. Todos querrían techar con paja, lo "más patrio" que hay. ¡El último grito!

Dentro de unos días se demolerá una de las últimas casas antiguas del distrito de Hietzing. Colinda con el parkhotel Schönbrunn y el solar se utilizará para ampliarlo. ¡Qué cultura tenía esta casa, qué distinción! ¡Qué vienesa, qué austriaca, qué humana! Y, por tanto,

¡qué tan propia de Hietzing! A las autoridades no les gusta que uno se apegue a la tradición. Es un hecho bien conocido que este tipo de casas no tienen fachada, y eso no le gusta a la gente; gusta cuando hace lo mismo que el otro advenedizo, cuando uno grita más alto que el otro.

Este verano, la comisión rechazó la construcción de una casa unifamiliar en Hietzing y, siguiendo el protocolo, lo dijo con las siguientes palabras: "La fachada carece de una configuración pintoresca, como suele hacerse en este barrio, con el añadido de cubiertas, torrecillas, frontones y voladizos. Debido a estos defectos, no se concede el permiso de construcción".

Sin embargo, en más altas esferas se piensa de manera diferente sobre esto, y los arquitectos no pueden apelar a las autoridades de construcción cuando se trata de desfigurar los suburbios de Viena.

Llamo muniquismo a la nueva manía de trabajar al estilo del distrito de Grunewald, en Berlín, o el de Dachau, en Múnich; lo vienés es otra cosa. Nos han llegado tantos aires italianos a través de los Alpes que, como nuestros padres, deberíamos construir en un estilo que se cierre del mundo exterior. Que desde fuera la casa sea muda, pero que revele toda su riqueza en el interior. Esto no solo lo hacen las casas italianas (excepto las venecianas), sino también todas las alemanas. Las francesas, ubicuas en las mentes de nuestros arquitectos, son las únicas que no pueden evitar enseñar sus plantas.

En Austria la cubierta es plana. Debido al viento y a la nieve, los habitantes de los Alpes tienen las cubiertas con la pendiente más plana, de ahí que sea natural que nuestros artistas patrios les construyan las cubiertas lo más inclinadas posible, aquellas que representan un peligro para los habitantes después de cada nevada. La cubierta plana realza la belleza de nuestras montañas, la inclinada la marchita. Este es un ejemplo notable de cómo la verdad interior también acaba resultando en lo estéticamente correcto.

Podría decirse aún más del material. Alguien con opinión muy autorizada me acusó de que, aunque insisto mucho en la vertiente patria del edificio de la Michaelerplatz, he traído mármol de Grecia. Bueno, la cocina vienesa sigue siendo vienesa aunque utilice especias del Lejano Oriente, y una casa vienesa también puede ser auténtica y verdadera —es decir, vienesa— aunque la cubierta de cobre sea americana. No obstante, tal objeción no debe rechazarse tan fácilmente. Estaría mal construir un edificio de ladrillo en Viena, pero no porque no tengamos ladrillos (que tenemos), sino porque tenemos algo mejor: el revoco de cal. Sería conveniente emplear la técnica del revoco en Danzig, pero en Viena no debemos dejar los muros desnudos. Puedo obtener el material de cualquier lugar y cambiar la tecnología por otra mejor en cualquier momento.

En lugar de seguir lemas embusteros como "arte patrio", decídase finalmente por volver a la única verdad que siempre proclamo: la tradición. Acostúmbrese a construir como lo hacían nuestros padres y no tema ser anticuado. Somos superiores al campesino. Él no solo tiene acceso a nuestras trilladoras, sino también a nuestro conocimiento y experiencia en el sector de la construcción. Debemos ser sus guías, no sus imitadores.

El embustero engaño que culmina en la obra de teatro rural, con sus coloridos tejidos campesinos (dibujados como caramelos *rock-drops*, todo ello con la falsa ingenuidad de balbucear con torpeza en lugar de hablar libremente), a modo de mascarada infantil, deja en evidencia la propia dirección de nuestra escuela de artes y oficios, con razón considerada la máxima autoridad en rocas de papel maché y hierba hecha de tiras de lona. Todo ese balbuceo infantil que se esconde bajo el nombre de "arte patrio" puede cesar.

Trabajamos lo mejor que podemos sin ni siquiera pensar un segundo en la forma. La mejor forma siempre está lista y nadie teme utilizarla, aunque en esencia provenga de otra persona. ¡Basta ya de genios originales! ¡Sigamos repitiéndonos! ¡Que una casa sea como el resto! No será publicado en la revista *Deutsche Kunst und Dekoration* ni será profesor en una escuela de artes y oficios, pero habrá hecho un mejor servicio a su época, a usted mismo, a su gente y a la humanidad. ¡Y con ello, a su patria!

Origen de los textos

Nuestros jóvenes arquitectos
"Unsere jungen Architekten", *Ver Sacrum*, núm. 7, Viena, julio de 1898.

La ciudad Potemkin
"Die potemkinsche Stadt", *Ver Sacrum*, núm. 7, Viena, julio de 1898.

La vieja y la nueva tendencia en el arte de construir
"Die alte und die neue Richtung in der Baukunst", *Der Architekt*, núm. 3, Viena, 1898.

Los materiales de construcción
"Die Baumaterialien", *Neue Freie Presse*, Viena, 28 de agosto de 1898.

El principio del revestimiento
"Das Prinzip der Bekleidung", *Neue Freie Presse*, Viena, 4 de septiembre de 1898.

Arquitectura
"Architektur", *Der Sturm*, núm. 42, Berlín, 15 de diciembre de 1910.

Reglas para quien construya en las montañas
"Regeln für den, der in den Bergen baut", *Jahrbuch der Schwarzwald'schen Schulanstalten*, Viena, 1913.

Arte patrio
"Heimatkunst", 1914. Se desconoce la fecha de la primera edición y forma parte de la compilación de textos *Trotzdem*, Brenner-Verlag, Innsbruck, 1931.

Todos los textos se han traducido de las versiones publicadas en Opel, Adolf (ed.), *Adolf Loos. Gesammelte Schriften*, Braumüller, Viena, 2010.

Adolf Loos (Brno, 1870 - Viena, 1933) estudió en la Staatsgewerbeschule de Reichenberg (Austria) y en la Technische Hochschule de Dresde (Alemania). En 1893 viajó a Estados Unidos con motivo de la Exposición Universal de Chicago y, tras pasar por Londres y París, estableció su despacho de arquitecto en Viena en 1896, ciudad en la que frecuentó personajes de vanguardia de la talla de Arnold Schönberg, Oskar Kokoschka, Peter Altenberg y Karl Kraus.

Polemista y sagaz escritor, desde 1898 publicó numerosos artículos en la revista *Neue Freie Presse* y en 1903 fundó la revista *Das Andere*. En ellas reflexionaba sobre los problemas de la vida moderna en la cultura occidental, con especial énfasis en el tema de la ornamentación, cuyas conclusiones quedaron plasmadas en "Ornamento y delito" (1908). Este y otros ensayos fueron recogidos en los libros *Ins Leere gesprochen* (1921) y *Trotzdem* (1931).